Melissa Laetizia Amaris
Teddybären und Tränen

Teddybären und Tränen

Von Melissa Laetizia Amaris

Bibliografische Information der Deutschen Nationalbibliothek:
Die Deutsche Nationalbibliothek verzeichnet diese Publikation
in der Deutschen Nationalbibliografie; detaillierte bibliografische
Daten sind im Internet über http://dnb.dnb.de abrufbar.

© 2024 Melissa Laetizia Amaris
Cover-Design + Illustrationen: Alexandra Michurina
Korrektorat: Judith Löjdquist Springhorn
Buchsatz: Jana Köbel Autorenservice
Verlag: BoD · Books on Demand GmbH, In de Tarpen 42,
22848 Norderstedt, bod@bod.de
Druck: Libri Plureos GmbH, Friedensallee 273, 22763 Hamburg
ISBN: 978-3-7597-7790-4

Lieber Teddybär, du warst es der, nachts meine
verborgenen Tränen gesehen hast.
Du warst es, der mir in der Dunkelheit zugehört hat.
Ich habe mich schon oft in deiner Einsamkeit
wiedergefunden. Du kennst all diese Worte auswendig,
obwohl ich sie noch nie ausgesprochen habe.
Aber ab heute sollen sie alle hören. Sie werden sich fragen
wer diese Zeilen geschrieben hat. Und ich werde zurück in
mein Zimmer gehen, wo nur du meine Tränen siehst.

Und plötzlich waren wir dem Mond ganz nah.

Part I:

Was bleibt sind Scherben

Komm endlich rein, es ist kalt.
Daheim ist niemand mehr, egal wie lange du durchs
Fenster reinschaust.
Deine Fußabdrücke im Schnee. So tief, dass sie niemand
wegwischen kann.
Morgen wirst du hier wieder stehen. Du wirst wieder
durchs Fenster schauen.
Zuschauen wie der Staub in der Luft tanzt und dir
vorstellen, dass du endlich zuhause bist.

Teddybären und Tränen

Hier saß ich, zwischen Teddybären und Tränen.
Verschwommen meine Sicht. Mein Herz sticht.
Der Schmerz in den Augen meiner Schwester.
Ihre Kopfhörer rauben mir die Realität.
"Manches muss man nicht hören". "Das verletzt einen nur".
Aber wir sind schon verletzt.
Und jede Erinnerung versetzt mich zurück in den Augenblick.
In die Augenblicke.
Du drückst die Kopfhörer auf meine Ohren.
Diesen Kampf haben wir längst verloren.
"Alles wird gut." "Auch wenn es jetzt weh tut."
Solange keine Träne über meine Wange läuft, habe ich gewonnen.
Mein Teddybär in der Hand.
Eine Träne läuft mir über die Wange.
Dieses Ziel erlange ich wohl nie.
Hier sitze ich, zwischen Teddybären und Tränen.
Manche Sachen ändern sich nicht.
Verschwommen meine Sicht. Jetzt schreibe ich dieses Gedicht.

Du kannst nicht erwarten, in einem Umfeld zu heilen,
das der Grund für deine Wunden ist.

Gänseblümchen Wiese

Ich habe dich damals zurückgelassen und ich sehe bis heute dein Lachen.

Auf der Gänseblümchen Wiese neben unserem Bach.

Du hattest so viel Angst und in dem Moment wusste ich, dass du nichts erlangst.

Ich musste dich dort lassen, verstehst du.

Doch bis heute sehe ich dich und dein Lachen. Gefangen in diesem einen Augenblick, auf der Gänseblümchen Wiese neben unserem Bach. Ich weiß noch, du hattest Angst vor der Dunkelheit, jetzt sagst du, vermutlich aus Eitelkeit, dass du vor gar nichts Angst hast. Trotzdem machst du immer noch nachts ein Licht an.

Ich denke manche Sachen ändern sich nie.

Sowie dein Lachen in meiner Erinnerung.

Vielleicht werde ich dir die Welt eines Tages zeigen, wenn ich selber etwas erlangt habe.

Doch für jetzt bleibst du tief vergraben in mir, auf der Gänseblümchen Wiese neben unserem Bach.

Du hättest mir nichts geben können.
Du hättest mir so viel geben können.
Deine Zeit. Deine Aufmerksamkeit.
Deine Worte. Deine Weisheiten. Deine Gedanken.
Du hättest mir eine handgeschriebene Karte geben können
und ich hätte sie archiviert.
Und ich wäre glücklich gewesen.

Du hättest mir nichts geben können.
Du hättest mir so viel geben können.

Papa ist ein toller Mensch

Papa ist ein toller Mensch.
Er rettet Menschen.
Papa ist ein toller Mensch.
Wo ist denn dein Vater?
Papa ist ein toller Mensch.
Papa ist erschöpft, er rettet Menschen.
Papa ist ein toller Mensch.
Geht es dir gut? Ja. Geht es dir gut? Ja.
Papa ist ein toller Mensch.
Papa ist heute nicht da. Papa bleibt heute in seinem Zimmer.
Papa ist ein toller Mensch.
Ich will so werden wie du.
Papa wer bist du? Papa wer bin ich?
Papa ist ein toller Mensch.
Am Telefon eine Entschuldigung. Aber wieso?
Papa ist ein toller Mensch.
Er rettet Menschen.
Papa, warum hast du mich nie gerettet?

Du hast mir ein Messer in den Rücken gerammt, bevor
du meine Wunden wieder verarztet hast.
Das ist Liebe, hast du mir beigebracht.

Und jetzt fragst du mich warum ich noch nie geliebt habe.

über weiße und orange Lilien

Ich will dir so viel sagen, doch ich weiß nicht was.

Ich will dir so viel vorwerfen, doch ich weiß nicht was.

Denn du hast mich doch nie verletzt?

Und trotzdem werde ich immer nur von dir verletzt.

Mir ist egal was alle über mich denken, über mich sagen.

Doch deine Worte schneiden in meine Haut wie ein Messer.

Deswegen verletze ich mich selber, bevor du es kannst.

Doch in schweren Stunden, warst du manchmal als einzige für mich da und hast mich gehalten.

Aber sag mir, ob du, wenn du mich anschaust und sagst, dass du mich liebst, mich siehst oder nur eine Ausrede, dafür dass dein Leben auch irgendwo einen Sinn hat.

Ich werde nie so werden wie du es von mir erwartest und oft will ich dir sagen, dass du nicht stolz auf mich sein musst, denn ich bin selber stolz auf mich.

Doch wenn du vor mir stehst, ist mir nur noch deine Sicht wichtig. Bist du endlich stolz auf mich?

Aber es ist nicht schlimm, denn ich kenne es nicht anders.

Ich werde deine Tränen wegwischen und meine unter meiner Bedecke verstecken.

Meine Brust brennt, dein Geheimnis auf meiner Haut.
Kaltes Wasser nimmt mir kurz den Schmerz. Die
Erniedrigung. Zwischen den Wassertropfen die Erkenntnis
– wie vertraut die Berührungen meine Haut aufreißen.
Wie vertraut das Gefühl. Die Gefühllosigkeit.

Es wird sich nichts ändern. Ihr werdet euch nicht ändern.

Deine Augen auf meiner Haut. Und ich gebe mir die
Schuld. Deine Hände auf meiner Haut. Und ich gebe mir
die Schuld.

Denn so wurden wir erzogen.

Wenn wir wieder laut werden – hör hin. Hör zu. Gib uns
den Respekt, der uns genommen wurde.
Wenn du nicht über die heißen Kohlen gelaufen bist, die
unsere Füße verbrannt haben. Wenn du nicht durch die
Hölle gegangen bist, weil dich fremde Hände geschubst
haben – schweig. Bleib still. Und hör einfach einmal zu.

Phönix

Ich war doch nur ein Kind. Das hast du gewusst. Das hast du ausgenutzt.

Du hast mich verletzt und dann habe ich mich immer wieder aufs Neue in deinem Namen selber verletzt.

Du hattest diese Macht über mich, lange nachdem ich dir das letzte Mal in die Augen geschaut habe.

Meine Schreie so laut, aber kein Ton entweicht.

Du hast meine Kindheit geraubt.

Mein ganzes Leben eingesperrt in einer Nacht, doch ich bin endlich aufgewacht.

Alles, was du mir genommen hast, werde ich mir eines Tages zurückholen.

Ich klammere mich am Gedanken fest, dass du mich heute nicht mehr erkennen würdest.

Ich bin nicht mehr das Kind von damals. Jetzt habe ich zum ersten Mal eine Stimme.

Wo immer ich hingehe wirst du mein Schatten sein, doch ich werde mich nicht mehr dahinter verstecken.

Und ja, vielleicht möchte ich zum ersten Mal Leben. Leben wie die anderen.

Versuchen zu spüren, alles andere als deine Hände.

Meine eigenen Erfahrungen machen.

Doch deine blauen Flecke bleiben. Und du wirst für mich hinter jeder Ecke warten.

Aber du wirst mich nie wieder einsperren, in meinem Zimmer unter meiner Decke.

Ich werde selber hinter jeder Ecke auf dich warten.

Ich werde dir ein letztes Mal in deine Augen schauen und dir zeigen dass du mir nicht die Stimme rauben kannst.

Manchmal glaubst du, dass Menschen Recht haben, nur
weil sie dir wichtig sind.
Aber du kannst deine Augen nicht verschließen, wenn sie
Unrecht haben.

Ihre Rache

Die Sonne über den Blumenfeldern.
Die Nacht birgt ihre Geheimnisse.
Leidende Lügen sterben.
Wann haben wir angefangen uns zu betrügen?
Ihre Gefühle waren erschöpft.
Ihre Gedanken ein letzter Schrei.
Ihr Gesicht umarmt eine Grimasse.
Verlorene Wörter erscheinen verschwommen.
Sie wird ihre Rache bekommen.

Ihre Dunkelheit ein heiliger Ort. Ihr Herz vergessen in der Vergangenheit.
Alles wurde ihr genommen.
Und sie wird ihre Rache bekommen.

Ein stiller Schmerz, ihr eisernes Stahlherz.
Eine verlorene Liebe, eine tote Taube.
Ein tragisches Lied, ein leiser Abschied.
Die kastanienbraunen Blätter bedecken den vergessenen Kummer.
Weißer Schnee, ein roter See, das Monster gesehen.
Ein getöteter Drache. Ihre Rache.

Ich mag dich.
Aber ich mag nicht die Person, die ich werde, wenn ich bei dir bin.

Du lebst auch zum ersten Mal

Ich weiß, du lebst auch zum ersten Mal. Aber auch du hast eine Wahl.

Du sagst, du verstehst die Welt besser als ich. Ich sollte auf dich hören.

Aber auch du lebst zum ersten Mal. Ich will meine eigenen Fehler begehen, im Rampenlicht stehen, es bereuen, nach Hause laufen. Ich will selber Leben, die guten und die schlechten Seiten sehen. Ich will später sagen hätte ich mal, oder hätte ich mal nicht. Ich will etwas zu erzählen haben, auch wenn es nur ist, dass ich nichts zu erzählen habe, aber ich will, dass es meine Geschichten sind, nicht deine.

Und ich weiß du meinst es gut. Du kennst dich aus. Aber auch du lebst zum ersten Mal. Auch du bist zum ersten Mal eine Tochter, eine Schwester.

Und mein Leben ist nicht deine Chance deine Fehler zu begleichen.

Ich bin nicht deine zweite Chance.

Vielleicht werde ich die gleichen Fehler begehen, doch dann werden sie meine Fehler sein, meine Erfahrungen.

Auch du lebst zum ersten Mal, meine Geschichten sind nicht deine zu berichten.

Und ich will später nicht deine erzählen.

Ja, ich weiß nichts vom Leben, da hast du Recht, ich lebe zum ersten Mal, aber das tust du auch.

Es tut mir leid - für alles, was ich nicht getan habe.

Dein Schmerz. Mein Leiden

Ich habe früh gelernt, dass ich dir deinen Schmerz nicht nehmen kann. Ich habe dich getröstet, als ich in deinen Armen weinen wollte. Doch für meine Trauer war kein Platz. War keine Zeit. Ich musste funktionieren. Damit wir funktionieren. Doch auch wenn meine Kinderhände deine Tränen getrocknet haben, wusste ich, dass ich dir deinen Schmerz nicht nehmen kann.
Ich würde dir mein Leben geben, damit du deins nochmal leben kannst.
Damit du deine Fehler verbessern kannst.
Denn wir wissen beide, dass ich nur durch deine Fehler, durch deine Reue, gerade hier bin.

Ich kann dir deinen Schmerz nicht nehmen. Aber lange dachte ich, dass ich dir wenigstens einen Teil abnehmen könnte. Doch vielleicht war das mein erster Fehler
Hinter verschlossenen Türen habe ich deinen Schmerz ausgelebt und manchmal habe ich dir, für mein Leiden, die Schuld gegeben. Doch dann denke ich wieder an deinen Schmerz, der als Bruchteil in meiner Brust brennt. Und plötzlich verstehe ich dich besser.

Ich kann dir deinen Schmerz nicht nehmen und ich kann dir dein Leben nicht zurückgeben. Das tut mir leid, aber das war nie meine Aufgabe. Es war nicht meine Aufgabe als Kind die Schmerzen der Erwachsenen zu spüren und sie versuchen zu trös-

*ten. Es war nie meine Aufgabe. Es ist nicht meine Aufgabe. Trotz-
dem werde ich es immer wieder versuchen. Nicht zuletzt für den
erbärmlichen Versuch deinen Schmerz in mir zu heilen.*

Der warme Asphalt unter meinen Füßen.
Die warmen Tränen auf meinen Wangen.
Mein Kinderherz und mein Erwachsener Verstand.
Ich habe vieles früh gelernt.
Aber nicht wie man lebt.
Mein Kinderherz und mein Erwachsener Verstand.
Ich habe früh gelernt wie man Streit schlichtet.
Doch im Geschrei fühle ich mich zuhause.
Denn da komme ich her.

Kinderaugen

Dann holen meine Kindheitstränen mich wieder ein.

Jedes Mal denke ich, dass ich dieses Mal stärker sein werde.

Doch dann schaue ich wieder in den Spiegel, und vor mir steht das Kind, das Angst vorm Dunkeln hat und Angst davor alleine gelassen zu werden.

Wir schauen uns an, bis du mir wieder fremd bist.

Aber deine Tränen laufen meine Wangen herab.

Jedes Mal, wenn ich Nachts das Licht anmache, mache ich es für dich an.

Deine Wunden sind meine Narben. Meine Wörter sind deine Geschichten.

Vielleicht bleibe ich heute etwas länger wach und schaue den Sonnenuntergang an. Dann werde ich dir davon erzählen und vermissen, dass ich diese kleinen Momente nicht mehr durch deine Augen sehen kann.

Dein Leben lang hast du nach einem Gegengift gesucht.
Gegen deinen Schmerz. Gegen deine Trauer.
Gegen deine Wut. Gegen deine Gedanken.

Gegen dich selbst.

Lauf Hase lauf

Lauf Hase lauf.
Du gehörst hier nicht hin.
Du bist hier schon viel zu lange.
Lauf Hase lauf.
Bevor sie dich finden und zurück-   bringen.

Lauf Hase lauf.
Bis deine Pfoten schmerzen.
Bis die Umgebung unbekannt ist.
Lauf Hase lauf.
Du bist zu klein.
Du bist zu schwach um zu kämp-
fen.
Lauf Hase lauf.
Entkomme ihnen, bevor sie dich einholen.
Lauf Hase lauf.
Bis dich niemand mehr erkennt.
Bis Jeder dich fragt, wer du bist.
Lauf Hase lauf.
Lauf Hase lauf.
Bis du tot umfällst und man dir einen Stein ohne Namen gibt.
Lauf Hase lauf.

Wenn du endlich aufhörst der Hase zu sein.
Wenn du endlich stehen bleibst, wirst du sehen, wie weit du ge-
kommen bist.

Diesmal wirst du hier bleiben, diesmal wirst du nicht laufen.

Du wirst eh niemals ankommen.

Der Schatten des Wolfes viel größer als der Wolf.

Von hier aus sehen sie fast wie Hasen aus.

Hör auf dich zu verlaufen.

Heute hörst du auf der Hase zu sein.

Part II:

Fernweh

Warum kann ich mir nicht einmal erlauben, glücklich zu sein?

Zwischen Himmel und Hölle

Nimm meine Worte nicht ernst.
Wenn jeder Schritt nach vorne wieder weh tut und der Mut mir
fehlt.
Doch morgen werde ich wieder aufwachen und lachen.
Zwischen Himmel und Hölle was soll ich da noch machen.

Der Krieg in mir fordert keine Sieger. Ich steh allein auf dem
Feld.
Die Welt so groß und immer noch viel zu klein für meine Träu-
me. Ich will mich in meinen Tränen ertränken, mich in meiner
Trauer versänken.

Ich bin doch so stark, und trotzdem würde ich bei jeder
Gelegenheit, bei jeder kleinen Finsterkeit, sofort aufgeben.
Aber ich bin doch so stark.

Das Leben so wunderbar und trotzdem fühle ich mich, als wäre
ich gegen jeden.
Selbst Hass der Anlass meiner Arroganz. Ich gebe mir einen eige-
nen Lorbeerkranz, ich baue mir meine eigene Statue, doch ich
würde alles dafür geben mich scheitern zu sehen.

Ich habe nichts verdient und doch habe ich viel mehr als all die
anderen verdient.
Meine Last ist nicht mehr tragbar, ich bin doch so undankbar.

Ein leises Lied, zwischen Himmel und Hölle, wo ist da noch der Unterschied.

Ich habe so oft eine Umarmung gebraucht.
Ohne dass mich jemand berührt.

Vom Versuchen und Scheitern

Ich hab's versucht, wirklich versucht, die schönen Dinge im Leben zu sehen.

Doch immer scheine ich nur die Tragik in ihr zu sehen.

Die Menschen, die ihr ganzes Leben nach Erfüllung suchen und sich in falscher Umhüllung kleiden, für den Versuch etwas zu spüren. Auch ich gehöre dazu.

Die Natur, die uns eine Heimat gab, doch sobald du sie betratest, hast du sie zu deiner gemacht und jetzt bezahlst du mit ihrer Pracht.

Und ja, ich bin auch egoistisch, aber ich habe doch ein Recht?

Mein Recht wurde mir gegeben, als ich geboren wurde.

Und somit hasse ich alle, die lächeln, an einem Tag an dem ich Schwäche zeige.

Warum können nicht alle so sein wie ich? Warum bin ich wie alle anderen?

Ich hab's versucht, wirklich versucht.

Neu anzufangen, alles hinter mir zu lassen.

Es klang so schön, endlich einen Ort für mich zu finden. Doch das einzige, was ich hinter mir lassen wollte war mich selbst.

Und jetzt bin ich hier. Ich hab alles was mir Halt gab hinter mir gelassen.

Hab nur noch mich. Den Feind in mir.

Nun vermisse ich das Mädchen, das abends weint.

Aber damals wollte ich doch das hier, nichts mehr spüren. Nicht mehr weinen.

Also warum bin ich immer noch unzufrieden.
Wo habe ich mich von mir selbst geschieden.
Ich hab's versucht. Wirklich versucht. Auch wenn ich gescheitert bin.
Ich hab's versucht. Wirklich versucht.

Ich möchte meine Haut abreißen und meine Seele befreien.

Lichtmond

Die Welt da draußen so laut.
Ich glaub ich will nicht mehr raus.
Ich fühle nichts mehr.
Bist du da?
Ich glaub mir geht es nicht gut.
Was fällt dir ein mich hier allein zu lassen.
Das sind auch deine Scherben.
Ich schaff das nicht. Nicht alleine.
Ich weiß du bist mein Fluch, ich schuf dich, weil ich zu schwach war.
Weil ich es nicht ausgehalten habe. Du hast sie versucht aufzuhalten.
Und ich hasse dich. Wo bist du. Komm zurück.
Mein Blut. Dein Blut. Alles war gut.
Du hast mir so viel versprochen.
Doch am Ende bin ich daran zerbrochen.
Ich habe nur dich. Lass mich hier nicht im Stich.
Mach die Tür zu bevor jemand unsere Tränen sieht.
Wofür bleibst du noch da.
Ich bin zum Scheitern verurteilt.
Halt mich noch einmal warm. Und sag mir alles wird gut, weil du den Mut hast, der mir fehlt. Dafür habe ich dich gewählt. Bevor sie mich zu Tode quält.

Du legtest mir Handschellen an und nanntest es Freiheit.

Lotos

Und du siehst meine Wunden
und du fragst wer mich verletzt hat
und ich weiß nicht was ich antworten soll
und du sagst wer könnte sowas einem Kind antun und ich bleibe
stumm
und du verfluchst die Person
und ich schaue in den Spiegel
und verfluche sie auch.

Wenn du wieder nicht schlafen kannst, bleibe ich bei
dir.
Bleibe ich neben dir.
Die Sterne leuchten über uns, und hier unten erzählen wir
uns Geschichten, die die Sonne nie hört.

Die Sterne brennen am Himmel, und hier unten brennen
wir.

Aster

Deine Versprechen brechen.

Wir spüren unsere Lügen.

Der Schmerz in deinem noch funktionierenden Herz.

Wo haben wir uns verlaufen? Warten wir noch in deinem Garten? Darauf, dass jemand was sagt. Damit uns jemand fragt was wir tun?

Wir kleiden uns schon lange im falschen Ruhm.

Kennen wir uns noch?

Heute ist doch nur ein normaler Mittwoch.

Trotzdem kommen dir die Tränen.

Und sie sagen, du solltest dich schämen.

Aber das tust du doch sowieso.

Und wir sind eins, auf jeden Fall in diesem Szenario.

Wir sind schon lange nicht mehr in deinem Garten.

Jetzt halten wir unseren Atem.

Ich kenne dich nicht mehr.

Doch den Schmerz spüren wir noch sehr.

Wir lassen uns vergessen.

Wir haben versucht unsere Gedanken zu erpressen.

Doch heute schauen wir in den selben Himmel.

Dort oben wo die Sterne wimmeln.

Und die Sterne, schenken uns für einen kurzen Moment wärme.

Du schließt die Augen

Und hörst die Tauben.

In deinem Garten.
Neben unseren versteckten Taten.

Mir ist egal, wie sehr es wehgetan hat.
Du wirst nie spüren, was ich gespürt habe.

Melissen und Narzissen

Mit acht sagtest du mir du willst schneller wachsen, jetzt bist du erwachsen.

Aber du hast doch noch gar nichts gelernt.

Damals kein vierblättriges Klee gefunden.

Jetzt liegt über deiner Wiese nur noch Schnee.

Du machst doch erst deine ersten Schritte, warum stehst du schon vor deiner Klippe.

Alle fragen, was du im Leben anstrebst, aber du lebst doch nur zum Überleben.

Du wünscht dir die alte Zeit zurück, während du diese verdammst.

Der Schmerz war tiefer, aber alles war doch einfacher. Jetzt bist du erwachsen, schläfst auf anderen Matratzen, in anderen Zimmern.

Aber wann das passiert ist, kannst du nicht wissen.

Kannst es nur noch vermissen.

Doch du schaust immer noch in den selben Himmel.

Pflückst aus dem Garten Melissen.

Hast immer noch ein schlechtes Gewissen

und bestehst drauf deine Kindheit wurde dir entrissen.

Jetzt bist du erwachsen, gehst zu allen Arztpraxen dieser Stadt, um deine Kindheit zu heilen.

Du wirst vermerkt, in den Fußzeilen.

Siehst im Spiegel dein erwachsenes ich, während draußen das Leben an dir vorbeizieht. Wann wirst du ihren Erwartungen ent-

kommen. *Jetzt bist du erwachsen. Sie sagten deine Träume werden bald zerplatzen.*

Du hast dich schon lange verkauft.

Auch wenn du jetzt älter bist, scheint die Welt immer noch so groß.

Und über deine Erinnerungen wachsen langsam Moos.

Jetzt pflückst du aus deinem Garten Narzissen und bist genau so verbissen wie alle Erwachsenen.

Warum hast du mir die Macht der Worte gegeben, aber keine Stimme? Meine Gedanken so groß, meine Gefühle so stark. Doch ich werde sie nie aussprechen können.
Ich werde sie nur auf Papier bringen können.
Und dann werde ich sagen, ,lies‘, wenn sie mich mal wieder nicht verstehen.
Wie erbärmlich meine Existenz doch ist.
Immer zu viel, aber dafür bin ich immer zu wenig.

Fehlfunktion

Ich glaube ich habe eine Fehlfunktion.
Ich glaube manchmal laufe ich nicht auf derselben Erde, obwohl
ich direkt neben dir laufe. Irgendwann wird sie sich anpassen.
Aber Jahr für Jahr bleibt alles gleich.
Trotzdem gibst du die Hoffnung nicht auf.
Ich werde dir nie genügen.
Ich glaube ich habe eine Fehlfunktion.
Ich bin kompliziert. Ich solle mich zensieren.
Meine Gedanken, meine Gefühle, zensieren.
Ich will meine Haut abreißen und meine Seele befreien.
Ich will weg, vom hier und jetzt. Vom du und ich.
Ich glaube ich habe eine Fehlfunktion.
Mein Blut rot. Schau, ich blute wie ihr.
Warum fühle ich mich nicht wie ihr.
Ich glaube ich habe eine Fehlfunktion.
Vielleicht bin ich falsch abgebogen. Meine Empfindung verbor-
gen. Kannst du mich richten? Bevor ich mich selber vernichte? Ich
glaube ich habe eine Fehlfunktion.

Wie schön es sein muss, ein gequälter Dichter zu sein. Wie schön es sein muss, sich selber anzuzünden, sich brennen zu sehen und in den Flammen Ruhe zu finden.

Rote Buchstaben auf Papier

Ich sitze nachts auf den kalten Fliesen im Bad.

Schreibe meine Texte und bereue, dass ich diese Worte nicht aussprechen kann.

Meine Tränen sind zu Buchstaben geworden.

Ich bilde mir ein jemand zu sein, wenn ich hier sitze und meine Sätze schreib.

Du kleine erbärmliche.

Ich schreibe leise meine Texte und bleibe wieder leise wenn du mich verletzt.

Der Mond wird heller, oder vielleicht ist es schon die Sonne.

Aber ich bin doch noch nicht fertig.

Meine Worte bilden noch keinen Satz.

Doch die Realität nimmt mir meinen Stift.

Ich schaue auf meine verblasste Schrift.

Morgen wähle ich wieder dasselbe Gift.

Du hast deine Hände fest um meinen Hals.
Du bist mein Sauerstoff.

Glas

Deine Augen ziehen mich aus.
Du sagst heute kann ich meine Probleme vergessen.
Aber ich weiß, du bist eins davon.
Trotzdem finde ich mich immer wieder in deinen Armen.
Und es scheint so als würde ich mich nur dort wieder finden. Wer du bist, wer ich bin, habe ich schon längst vergessen. Was bleibt ist unsere Silhouette. Ich scheine nur mit dir zu existieren.
Doch du existierst nur ohne mich. Ich verlaufe mich immer wieder aufs neue.
Und alles was ich an meiner Vergangenheit hasse, sehe ich in dir.
Trotzdem werde ich immer zu dir zurückkommen.
Und dein Lächeln sagt mir, dass du es weißt.
Doch du behandelst mich anders. Anders als die anderen.
Du siehst meine Narben. Aber schaust mich nicht mit Mitleid an. Du zeigst mir deine und sagst mir ich solle meine besser verstecken.
Du behandelst mich nicht als wäre ich zerbrechlich.
Als wäre ich aus Glas.
Denn du weißt, wenn ich wieder in meine Scherben zerfalle, werde ich mich selber wieder zusammenkleben. Wie jedes mal.
Und dann werde ich wieder zurück zu dir rennen.
Und du wirst mich wieder anlächeln, nicht weil ich es wieder geschafft habe zu mir zurückzukommen, sondern weil ich so verdammt vorhersehbar bin und nach deinen Regeln spiele.
Sie sagten der Teufel schläft nie aber heute schläft er neben mir.

Ich muss nicht deine Kriege führen - nur weil du es früher schlechter hattest.

Spiegelbild

Der Feuerregen beginnt. Die Welt zerfällt.
Du schaust mich an. Ein Lächeln ziert deine Lippen.
Und ein letztes Mal sagst du mir du liebst mich nicht.
Du streckst deine Hand aus. Greifst meine. Summst leise ein
Lied. Draußen bricht die Welt zusammen. Hier drinnen breche
ich zusammen.
Meine Hand liegt in deiner. Du bewegst dich im Takt. Reißt
mich mit.
Meine Tränen, oder deren Abwesenheit brennt auf meiner Haut.
Ich weiß es nicht.
Ich weiß nichts mehr.
Ich schließe meine Augen und für ein kurzen Moment ist alles
wie immer.
Draußen fällt die Welt zusammen und hier drinnen hältst du
mich fest, damit ich nicht zerfalle.
Und du sagst ich wollte das. Die Welt brennen zu sehen.
Meine glänzenden Augen schauen dich an.
Und du sagst mir ich hätte nie der Held sein können.
Nicht in meiner Geschichte und auch in keiner anderen.
Du lachst, während du sagst, dass ich nie jemanden retten werde,
wenn ich mich nicht mal selber retten kann.
Ich lasse deine Hand los. Dein Lächeln ziert meine Lippen.
Ich summe ein leises Lied.
Draußen bricht die Welt zusammen.
Hier drinnen brichst du zusammen.

Um mich herum ist es dunkel.
Jemand kommt um die Ecke.
Ich gehe schneller.
Ich spüre, wie die Silhouette näher kommt.
Ich gehe schneller.
Ich spüre, wie mein Herz rast.
Ich stolpere über meine eigenen Füße.
Ich gehe schneller.
Ich sehe ein kleines Licht vor mir.
Eine Straßenlaterne.
Warum habe ich die Abkürzung genommen?
Ich gehe schneller.
Das Licht wird heller.
Ich spüre eine Hand auf meiner Schulter.
Ich halte an.
Ich spüre eine Hand um meinen Hals.
Ich falle auf die Knie.
Ich spüre den Asphalt an meiner Wange.
Ich schaue hoch zur Straßenlaterne.
Sie war so nah.

Weiße Tauben

Und der Kinderchor singt, wenn die Elite uns aufs Schlachtfeld zwingt.

Wenn das bedeutet Mensch zu sein, bin ich lieber allein.

Ich werde nicht dein Blut von meinen Händen waschen.

Für meine Gefühle würdest du mich einsperren, doch es reicht als Soldat für dein Ziel. Für dich ist das alles nur ein Spiel. Auch wenn einhundert Kinder dir im Weg stehen und in der Nacht einhundert Krähen heulen.

Jetzt kannst du nicht aufgeben.

Weit weg von deinem Haus werden wir die Leichen hinlegen.

Und du wirst sie anzünden, damit sie dich in ihrem letzten Augenblick wärmen, und sie stehen ein für deine Sünden. Und der Kinderchor singt, während du in die Masse winkst.

Wir haben endlich unseren Frieden, wenn wir sie endlich besiegen.

Ich habe mir so lange beigebracht, nichts mehr zu fühlen.
Nur um mir wieder beizubringen, wie ich etwas fühle.

Nebeldämmerung

Du hast mich damals aus der Dunkelheit geholt.
Du bist die steile Treppe herunter in meinen Keller gelaufen und hast eine Kerze angezündet.
Du hast mir gesagt ich sei nicht alleine.
Du sagtest, dass du bei mir bleiben würdest, bis ich die Kraft finden würde aufzustehen. Du hast meine Hand gehalten und meine Stille verstanden.

Aber das habe ich mir alles nur eingebildet. Du warst nie hier.
Ich habe in der Dunkelheit vergeblich nach der Treppe gesucht und als ich die erste Stufe fand, krallte ich mich fest und lies nie wieder los.
Ich zog mich Stufe für Stufe hoch, auch wenn ich wieder hinab fiel.
Ich kroch meinen Weg nach oben auch wenn mein Blut meine Finger bedeckte.
Bis ich ein kleines Licht sah. Dort, auf dieser Stufe, erstarrte ich aufs Neue.
Doch das Licht fällt auf meine Haut und plötzlich fange ich wieder an zu träumen.
Für jetzt bleibe ich hier, auf dieser Stufe, und rede mir ein, dass du mich hierhergebracht hast.

Ich werde weiterhin meine Texte schreiben, in der Hoffnung, dass sich eines Tages jemand darin wiederfindet.
Und dann, werde ich diese Person fragen, wer ich wirklich bin.

Zuhause hat kein Plural

Ich hatte immer ein Bett aber nie ein Zuhause.
War überall fremd.
War überall anders.
Ich spreche eure Sprachen doch begreifen tue ich sie nicht.
Meine Gefühle zu groß für eure Sprachen.
Doch zu klein für meine Wörter.
In den Häusern wo ich einst lebte, leben jetzt andere Fremde.
Ich sage ich fahre nach Hause, wenn ich mein Haus verlasse.
Doch zuhause hat kein Plural.
Das habe ich früh gelernt.
Verstehen konnten sie mich nie.
Ich konnte mich ja nicht einmal selber verstehen.
Ich kann es immer noch nicht.
Warum Trauer ich Häuser hinterher.
Während ich mich damals in ihren Wänden nie zuhause gefühlt
habe.
Wenn ich hier war wollte ich dort sein.
Verfolgt von Heimweh. Obwohl ich zuhause war.
Sie meinten es wäre Fernweh. Ich widersprach.
Ich will nicht in die Ferne. Dadrin liegt nicht meine Sehnsucht.
Ich will endlich nach Hause kommen.
Doch zuhause hat kein Plural.

Part III:

Briefe an Dich

Ich will dir Texte schreiben, an die du dich erinnern
kannst.
Ich will dir Texte schreiben, die dir etwas bedeuten.
In denen du verstehst was ich in dir sehe.
In denen ich deine Tränen weine.
In denen du fliegen lernst.

Du tanzt barfuß auf dem Feld, mit deinem weißen Kleid.
Ich will dir Texte schreiben, nur um sie dann zu
verbrennen.
Denn keiner meine Sätze wird je genug sein.

Vergissmeinnicht

Für lange Zeit dachte ich, ich besäße kein Herz.
Das hast du mir auch mal gesagt.
Wir haben gelacht, du hast mich angeschaut, und genau in diesem Moment spürte ich das Stechen.
Die Erinnerung, dass ich am Leben war.
Die bittere Einsicht, dass ich doch, nach all dem, was ich getan habe, ein Herz besitze. Und es schmerzte jedes Mal in meiner Brust, wenn du über die Liebe geredet hast. Wie sie für dich real ist.
Und ich antwortete jedes Mal, damit, dass ich nicht an sie glaube.
Doch wenn ich dich anschaue, zweifle ich.
An dir, an mir.
Und es regt mich auf, wie ich Menschen so sehr verachten kann, doch bei dir, in den noch so kleinsten Gesten, eine Schönheit finde.

Ich werde dir nie sagen, dass ich doch ein Herz habe, und dass es nur bei dir zu schlagen scheint. Ich werde uns beide davor beschützen.
Doch heute werde ich unsere kleinen Momente schätzen und morgen werde ich sie in tiefer Erinnerung einschließen.

Ich habe Angst, dass du mich eines Tages anschaust und
in mir das siehst,
was ich in mir sehe.

Sakura

*Du hast mir mal gesagt du würdest mich immer noch lieben,
wenn ich mein wahres ich zeigen würde.*

*Doch heute, wenn ich in mein Spiegelbild schaue, in diese verdammten grünen Augen, bin ich mir nicht sicher. Nicht mal ich
habe mich je verstanden.*

Ich war nie allein und sie sagten es würde sich auswachsen.

Doch trotzdem habe ich mich immer einsam gefühlt.

*Immer gefangen in meinem eigenen Käfig, in meinem eigenen
Körper. Als Beobachter bin ich geboren. Immer da. Aber immer
am falschen Platz.*

Du wirst bleiben, hast du gesagt.

*Ich habe dich angeschaut und habe mich gefragt, warum du nicht
schon lange weggelaufen bist.*

*Wenn ich mich endlich befreien könnte, von mir selbst, hätte ich
das längst getan. Meine Realität ist oftmals nicht deine, trotzdem
wirst du bleiben. Hast du gesagt.*

*Und ich wusste nicht, ob ich mich freuen sollte, oder weinen,
darüber dass ich dich so verdorben habe.*

Lauf, bevor ich meine Realität zu deiner mache.

Lauf, bevor ich mein wahres Ich offenbare.

Lauf, bevor ich es zuerst tue.

Trotzdem wirst du bleiben.

Hast du gesagt.

Jetzt bist du nur noch ein Polaroid Bild an meiner Schranktür. Aber mein Armband trägt deine Augenfarbe. Seitdem werde ich die Farbe Braun anders sehen. Ich werde immer dich sehen.
Und wie du auf dem Polaroid Bild lachst.

Pflaster

Hast du ein Pflaster für mein Herz?
Dann kann ich dich vielleicht auch lieben.
Du fragst, wer es gebrochen hat.
Ich denke mir Geschichten aus, damit ich nicht zugeben muss,
dass ich mein eigenes Herz gebrochen habe. Hast du ein Pflaster
für mein Herz?
Ich habe es zerbrochen eines Nachts, als ich mir geschworen habe,
dass niemand die Macht über mich haben wird mein Herz zu
brechen. Der Schmerz hielt nur kurz.
Doch jetzt sehe ich ein, dass ich mir selber die Macht gegeben
habe.
Hast du ein Pflaster für mein Herz?
Ich habe mir selber die Hoffnung genommen wegen der Angst,
dass fremde Hände mein Herz brechen würden. Stattdessen ha-
ben vertraute Hände es gebrochen.
Deine Hände halten mein Herz zusammen.
Und jetzt frage ich dich, ob du ein Pflaster für mein Herz hast.

Jetzt sitze ich hier allein und vermisse die Zeit, die ich damals nicht geschätzt habe.

Rote Rosen

Ich habe so viel zerstört. Zwischen uns. Ich mache immer wieder die Dinge kaputt, die mir am meisten bedeuten, weil ich der Meinung bin, ich hätte es nicht verdient. Ich habe keinen einzigen von euch verdient.

Ihr wisst ich würde die Knochen in meinem Körper für euch brechen. Aber ein einfaches Lächeln und wahre Worte kann ich euch nicht schenken.

Ich habe euch nicht verdient und wenn ich Abends zu glücklich bin und die Welt plötzlich gut läuft, muss ich alles wieder zerstören. Ja, wahrscheinlich finde ich in meiner Melancholie Sicherheit, Geborgenheit, ich kenne es nicht anders. Es macht mich unsicher wenn das Leben zu gut läuft.

Wer hoch fliegt wird tief fallen. Ich habe nie den Boden verlassen. Aber in den kurzen Augenblicken, die ich mit euch verbringe, glaube ich, dass ich manchmal Schwebe. Ich werde uns immer wieder auf neue zerstören.

Ich würde für euch die ganze Welt verändern, aber dass ich mich verändere, ist zu viel verlangt. Ich werde trotzdem bei euch bleiben und ich werde vieles nie aussprechen, aber vielleicht seht ihr in meinen Gesten die Worte, die meinen Mund nie verlassen werden. Und wenn ihr mir wieder zu nah kommt werde ich euch wieder wegstoßen, aber dennoch werden wir alle zusammenbleiben. Das weiß ich jetzt.

Und auch wenn ich nie eure Hand nehme, werde ich für immer neben euch stehen.

Du schaust mich an, aber siehst mich nicht.

Grüne Augen

Ich habe dir oft versprochen, dass ich mich ändern werde.

Heute verspreche ich es dir wieder.

Doch an der Stille wissen wir beide, dass diesmal wieder alles gleich bleibt.

Aber für einen kurzen Moment in dieser Stille können wir uns beide vormachen, dass sich etwas ändern wird.

Und wenn du mir jetzt in die Augen schaust, bin ich schon jemand anderes.

Grüne Augen lügen nicht.

Ein Augenzwinkern, der Augenblick ist weg.

Du schaust mir wieder in die Augen, siehst mich an und siehst, dass alles wie vorher ist.

Grüne Augen lügen.

Aber diesmal verspreche ich dir, ich werde mich ändern.

Heute sage ich, es war mir egal. Es war mir nie egal.
Es wird mir nie egal sein.
Heute sage ich, ich habe es vergessen. Ich habe es nie
vergessen.
Ich werde es nie vergessen.
Heute sage ich, ich habe dir verziehen. Ich habe dir nie
verziehen. Ich werde dir nie verzeihen.

Papier

Ich werde dich nie alleine lassen, egal wie schwer die Zeit wird.

Ich werde dich von jeder Brücke dieser Stadt holen.

Ich werde dich an kalten Abenden nach Hause bringen.

Ich werde dir die Klinge aus der Hand nehmen und dir vom Boden aufhelfen.

Du meinst du bist verflucht, vielleicht sind wir das auch.

Doch ich hätte die ganze Welt für dich abgesucht.

Du sagst alles zerreißt wie Papier, doch am Ende des Tages bleiben immer noch wir.

Ich werde dich beschützen und nie wieder zulassen, dass dich jemand ausnützt.

Und wenn die Welt endlich brennt, werde ich dich zum höchsten Ort bringen damit du ein wenig länger zuschauen kannst.

Der Mond leuchtet heute etwas heller, und die Erde dreht sich etwas schneller.

Du zerreißt alles wie Papier, doch am Ende des Tages bleiben immer noch wir.

Ich laufe im Dunkeln nach Hause und weiß, irgendwo läufst du gerade auch nach Hause.
Früher sind wir noch zusammen, nebeneinander, nach Hause gelaufen.
Heute weiß ich nicht einmal, ob ich dich noch erkennen würde, wenn du an mir vorbeilaufen würdest - oder ob du mich erkennen würdest.

Ich laufe im Dunkeln nach Hause und denke dabei an dich.

Für immer und einen Tag

Ich lag in deinem Arm.
Für immer und einem Tag.
Du versprachst mir die Welt. Ich habe es dir gerade noch geglaubt.
Für immer und einem Tag.
Was ich heute nicht verändern kann, werde ich auch morgen nicht.
Für immer und einem Tag.
Der Mond schien so nah. Du sagtest du wirst bleiben.
Für immer und einem Tag.
Wo bist du jetzt? Wenn ich alleine auf dem Boden liege.
Für immer und einem Tag.
Der Mond scheint heute so fern. Ich warte noch auf deine Entschuldigung.
Für immer und einem Tag.
Am Ende bleibt nur unsere Asche. Ich habe das Warten aufgegeben.
Für immer und einem Tag.

Ich habe dir Texte geschrieben.
Vielleicht wirst du sie irgendwann lesen und verstehen,
warum ich gegangen bin.
Oder vielleicht wirst du sie lesen und dich fragen, ob du
mich jemals gekannt hast.

Über Wörter die mir nie beigebracht wurden

Ich will dir so viel sagen, doch ich finde die Wörter nicht. Die Wörter, die beschreiben wieviel du mir bedeutest. Ich glaube mir wurden diese Wörter nie beigebracht.

Mir wurde beigebracht, dass Liebe schmerzhaft sei.

Dass Liebe kompliziert sei.

Doch wenn ich bei dir bin, suche ich nach einem Wort, das beschreibt, wie mein Kopf leise wird, wenn ich dich anschaue. Wie meine Sorgen plötzlich egal erscheinen.

Ich suche nach einem Wort, das beschreibt, wie du mich zu einem besseren Menschen gemacht hast.

Doch mir wurden diese Wörter nie beigebracht. Also bleibe ich leise. Ich will das du mich verstehst, also suche ich nach den Wörtern, die dir erklären, wer ich bin, wie ich denke, wie ich fühle, aber mir wurden diese Wörter nie beigebracht. Also bleibe ich still. Diese Welt hat mich bitter gemacht, weil sie mir ihre Wörter nie beigebracht hat. Ich will dir danken, für deine Existenz. Denn allein, dass du auf derselben Erde, zur selben Zeit, mit mir lebst, macht mein Leben erträglicher.Aber dafür gibt es kein Wort, auf jeden Fall keins, was mir beigebracht wurde, also bleibe ich leise. Manchmal wachst du auf, denkst das die ganze Welt gegen dich sei und dann möchte ich dir so viel sagen. Damit ich dir deinen Schmerz nehmen kann, aber mir wurden diese Wörter nie beigebracht, also bleibe ich still.

Ich will, dass du weißt, dass wenn ich verstumme, weggucke und dir wieder so fern vorkomme, finde ich nur keine Wörter, die

beschreiben, was ich fühle. Mir wurden diese Wörter nie beige-
bracht. Und auch, wenn ich sie aus deinem Mund höre, klingen
sie so fremd, als kenne ich ihre Bedeutung nicht. Diese Wörter
wurden mir nie beigebracht.

Aber irgendwann werde ich sie endlich lernen und dir sagen, was
ich schon immer sagen wollte.

Du standest am anderen Ende des Ufers und schriest
mir zu, ich sollte springen.
Du schaffst das, sagtest du. Dann nahmst du meine Hand
und wir rannten.
Während hinter uns eine Rauchwolke über unserem Haus
aufstieg,
dort,
wo unsere Erinnerungen brannten.

Der Fluch einer großen Schwester

Wir sind zusammen aufgewachsen. Du und Ich.
Doch manchmal glaube ich, dass wir eine ganz unterschiedliche Kindheit gehabt haben. Und ich sehe deinen Schmerz und, oh, wie ich wünschte, dass ich ihn dir abnehmen könnte. So wie du es all die Jahre für mich getan hast. Am Anfang habe ich es gehasst als du uns verlassen hast. Habe dich gehasst. Wie konntest du mich im Scherbenhaufen zurücklassen. Doch du hast unsere Scherben genommen und dir ein Zuhause gebaut. Uns ein Zuhause gebaut.
Wo wir ungestört wir sein können. Wo wir endlich Kinder sein können. Du und Ich. Und manchmal fühle ich mich nur bei dir wohl. Nur bei dir verstanden. Und manchmal weiß ich nicht wie ich es ohne dich schaffen würde. Und manchmal frage ich mich, wie du es schaffst. Geschafft hast. Ohne große Schwester.
Wir wurden ganz unterschiedlich behandelt, haben ganz unterschiedliche Dämonen. Aber ich weiß, manchmal bist es nur du die mich versteht. Wir müssen nicht reden. Es reicht wenn ich bei dir sein kann wie ich bin. Mit all meinen Facetten und du mit deinen. Du akzeptierst mich, so wie es kein anderer tut. Nicht mit Worten sondern mit der Abwesenheit von Ihnen.
Jedes Mal wenn ich verletzt wurde, warst du da.
Und ich frage mich wer für dich da war. Wer für dich da ist.
Wenn du dich selber nicht mehr erkennst und das Leben nur noch ums Überleben geht. Du hast mir so viel beigebracht. Aus deinen Erfahrungen. Aus deinen Fehlern. Denn niemand konnte dir die

Welt erklären. So wie du sie mir erklärt hast. Vom ersten Moment an in meinem Leben warst du für mich da. Hast meine Tränen getrocknet, hast meine Hand gehalten wenn ich Angst hatte und hast ein Pflaster auf meine Wunden gelegt. Doch wer war für dich da? Wenn du weinend deinen Teddybär gehalten hast. Wer hat deine Tränen getrocknet? Wer hat deine Hand gehalten? Wer hat dir ein Pflaster gegeben und deinen Schmerz weggepustet? Ich glaube, dass ist der Fluch einer großen Schwester.

Part IV:

Heimweg

Wenn du dich umschaust, denkst du die Welt ist schon
verloren. Du selbst bist auch schon verloren. Sperrst
dich in dein Zimmer ein und singst Lieder, die du
nicht verstehst.
Du lächelst mich an, und es bedeutet nichts.

Wir werden uns nie wieder sehen.
Du siehst die Zahlen in den Medien und jetzt bist du alt
genug um sie zu verstehen.
Doch nicht alt genug um dich zu verstehen.

Feuersalamander

Das Leben, für das bin ich nicht gemacht.
Als wäre ich nicht von derselben Natur, eine andere Gravur trag ich im Herzen.
Ein Ungeheuer in meiner Brust, wo sonst ein Feuer glüht. Fernweh verankert als einziges Gefühl, mein Fortbestehen eine reine Odyssee.
Trauer, wird mich nicht weiterbringen. Heute bin ich wohl schlauer.
Der Druck wurde zu meinem Schmuck.
Ich zierte mich und versteckte mich vor meinem eigenen Schmutz.
Doch zu lange verbarg ich die Schmerzen in meinem Herzen.
Den Feind in mir sah ich so nah, doch es war nur das Geschöpf, welches ich hätte sein sollen.
So fremd war mir mein Spiegelbild. So unvertraut mein Körper.
Ich versprach ihr, ich würde sie zum Mond bringen.
Dort oben wo euer Ethos thront.
Wenn ich nur in eine andere Welt passen könnte, in der meine Kapitulation keine Artikulation bedarf.
Hätte ich nur Verständnis für euer Gesetz wäre ich euch wohl treuer. Auch Rosen haben Dornen, das sind eure Normen.
Meine Wünsche aufgegeben an eine höhere Macht. Wegen der Hoffnung jemand anderes zu sein. Ich gab mich der Entwaffnung hin.
Nur um zu erkennen, dass ich mich bei dem Versuch, gegen alles, was ich mir geschworen hatte, selbst verloren hatte.

*Doch hätte ich einen letzten Wunsch in meinem Leben zu geben,
würde ich ganz leise in dein Ohr flüstern,
Ein anderes Leben will ich haben, dort wo ich jeden verstehe
wohin ich auch gehe. Wo meine Tarnung nicht eine andere ist als
deine.
Ich will nicht anders sein, ich will das Leben eines Feuersalamanders.*

Ich bin allein. Aber wenn ich die Augen schließe, bin ich jemand anderes.
Jemand, der schon so viel erlebt hat. Der einhundert Jahre gelebt hat, in verschiedenen Welten, in verschiedenen Zeitaltern.
Jemand, der geliebt, gelernt, gelacht und geweint hat.

Wenn ich die Augen schließe, bin ich endlich zuhause, dort, wo ich hingehöre, oder zumindest so nah, wie ich jemals herankommen werde.

Eintagsfliege

Ich glaub ich muss sterben, um zu leben.
Morgen wird alles besser.
Ich glaube, ich hab dieses Morgen nie erlebt.
Ich weiß ich habe nichts zu erzählen, sollte ich heute sterben.
Mein Leben ein einziger Scherbenhaufen.
Irgendwo da drinnen befindet sich mein echtes ich.
Oder setzt sich mein ich doch durch alle Scherben zusammen?
Lass mich jetzt nicht im Stich.
Wenn ich sterbe wird sich die Erde weiterdrehen, nur nicht mehr
für mich.

Du hast vergeblich versucht einen Sinn in deinem Leben zu finden.
Hör auf deine Existenz zu manifestieren.
Am Ende hast du nur einen Tag gelebt. Sag wer kann jetzt deine
Unschuld beweisen.
Da verstummen ihre leisen Worte.
Vor dem Gesetzt sind wir alle gleich. Trotzdem sagst du, du seist
den Göttern gleich.
Am Ende des Tages sind doch alle die du kennst Fremde. Reich
mir deine Hände.
Es reicht. Deine Ziele längst verblichen. Und jetzt rufst du, sie
sollen erkennen, was du schon schufst.
Aber am Ende des Tages bleibt dir nichts und du kannst nicht
zeigen welche Heere du schon angeführt, besiegt hast. Aber du
warst doch irgendwo beliebt.

Ich glaub ich muss sterben, um zu leben. Doch heute bleibe ich auf denselben Wegen.

Und sage, ich habe nie gelebt, jedenfalls nicht auf diesem Planet. Und wenn wir nur noch einen Tag haben, würde ich auf deinen Raben warten.

Denn ich muss sterben, um zu leben.

Ich habe noch nie geliebt.
Und doch habe ich so oft geliebt.

Det kommer bli bra

Drei Uhr nachts auf einer Club Toilette.
Ich halte mich fest, damit ich mich selbst nicht verliere.
Und wieder dieser Drang in meinem Herzen.
Weit wegzurennen und alles hinter mir zu lassen.
Eine Träne auf meiner Wange. Ich bin hier schon viel zu lange.
Und ich versuche an mich zu glauben.
Meine Augen suchen vergebens nach etwas bekanntem.
Ein Beweis. Ich bin hier. Ich bin jetzt.
An der roten Wand neben abgekratzten Stickern "Det kommer bli bra".
Die Wörter kamen bekannt vor, nur deren Bedeutung war mir fremd. "Det kommer bli bra". Ich wollte die Wörter abnehmen und mitnehmen.
Damit ich sie miterleben kann. Sie zu meiner Wahrheit machen kann.

"Det kommer bli bra".
Vielleicht bleibe ich hier noch etwas länger. Das Leben kann noch auf mich verzichten. "Det kommer bli bra", das weiß ich jetzt auch.

Was bleibt, sind Scherben - was bleibt, ist ein Mosaik.
Von allem, was du warst und hinter dir gelassen hast.
Von allem, was dich heute zu dem macht, was du bist.

Ich

Ich will ich werden.

Ich weiß noch nicht wer das ist, aber ich bin mir sicher sie wird zu mir passen.

Ich will ich werden, bald werde ich es schaffen.

Dann werde ich mich nicht mehr fragen, wer ich bin.

Dann werde ich wissen, was meine Stärken sind und was meine Schwächen.

Vielleicht mag ich den Regen oder sperrt sich ein sobald ich Donner hört.

Vielleicht kennt ich dich und vielleicht, ganz vielleicht teilen wir schon Erinnerungen, aber das kann ich dir erst sagen wenn ich ich bin.

Solange du mich bis dahin nicht vergisst.

Dum spiro, spero - Während ich atme, hoffe ich.

Kieselsteine

Ich habe Angst. Angst vor allen, vor jedem, aber am meisten vor mir selber.

Meine Entscheidungen sind nicht immer meine.

Ich habe Angst, doch irgendwann mal werde ich verstehen, wie du im Regen tanzt.

Bald werde ich dort mit dir tanzen und meine eigenen Blumen pflanzen.

Wenn ich es nicht schaffe und die Angst mich einholt, mich auf meine Knie zwingt, bis ich freiwillig aufgebe, werde ich sagen: Ich habe es wenigstens probiert. Es fängt an zu regnen.

Draußen tanzt du.

Ich vergesse meine Angst und für einen kurzen Moment tanze ich mit dir.

Du hast mich geschnitten und dich dann beschwert,
dass mein Blut deine Kleidung befleckt.

Icarus

Jedes Mal, wenn ich denke, ich sei jemand anderes, verfalle ich in alte Muster.

Und dann muss ich mich wieder bluten sehen, um mir zu beweisen, dass ich wirklich noch am Leben bin.

Jedes Mal fliege ich wieder zu nah an die Sonne,
bevor ich wieder falle, tief, bis mein Rücken den kalten Boden berührt, bis die Sonne wieder ganz weit oben am Himmel thront.
Meine Verbrennungen werden zu Narben, zu bitteren Erinnerungen. An das, was ich einmal hatte.
An das, was ich nie bekommen werde.
Manchmal scheint die Sonne so dunkel und wirft einen Schatten auf meine Existenz.
Dann stehe ich wieder in der kalten Dunkelheit und versuche, meine Federn zu finden.
Dafür stolpere ich ins Ungewisse und ersticke fast an meinem eigenen Blut. Der Mond schaut mir dabei zu, wie ich versuche, in meinem Schmerz einen Sinn zu finden.
Ich klebe meine Federn mit meinem Blut zu Flügeln.
Und ich weiß, sie werden mich auch dieses Mal nicht halten.

Doch die Sonne wird morgen wieder aufgehen, und wir werden es wieder versuchen.

Ich habe immer gesagt, würde ich heute sterben, hätte
ich nichts zu erzählen.
Aber plötzlich sehe ich ein, dass ich so viel zu erzählen
hätte.
Ich hätte nichts Besonderes zu erzählen, das stimmt.
Aber ich könnte dir erzählen, wie ich die Welt gesehen
habe.
Wie ich geweint, gelacht und geblutet habe.
Wie ich geglaubt habe und vom Gegenteil überzeugt wurde.
Wie ich versucht habe, die Wunder dieser Welt zu
verstehen.
Wie ich aufgegeben habe. Und wie ich wieder versucht
habe.
Ich könnte dir erzählen, wie viel ich bereue.
Und wie ich trotzdem nichts in meinem Leben ändern
würde.

Würde ich heute sterben, hätte ich so viel zu erzählen.

Von den Raben auf deinem Grab

Ich werde die Raben auf deinem Grab füttern und Ihnen von dir erzählen.

Von uns und wieviel du mir bedeutet hast.

Ich werde Ihnen vom Sonnenaufgang erzählen, als wir uns das erste Mal gesehen haben. Ich glaube ich habe damals zum ersten Mal die Sonne gesehen.

Und ich werde Ihnen vom Sonnenuntergang erzählen, als wir uns das letzte Mal gesehen haben. Die Sonne ist seither nie wieder aufgegangen.

Du hattest einen Frieden in dir, den die Menschen nie verstehen werden.

Deswegen werde ich die Raben auf deinem Grab füttern und Ihnen von dir erzählen.

Damit sie, wenn sie ihre Flügel wieder ausbreiten, deine Erinnerungen weitertragen.

So wie ich sie in meinem Herzen trage.

Und jedes Mal wenn du sie singen hörst, werden sie von uns singen und wir werden für einen kurzen Moment aufs Neue zusammen sehen, wie die Sonne ein letztes Mal für uns am Himmel erscheint, bevor sie wieder verschwindet.

Ich werde die Raben auf deinem Grab füttern und Ihnen von dir erzählen.

Bis sie mich holen und nach Hause bringen.

In der Hoffnung, dass jemand die Raben auf meinem Grab füttern wird und Ihnen von uns erzählt.

Sammle deine Federn, bis du Flügel zum Fliegen hast.

Tausend Engel

Wenn du weinst, weinen tausend Engel mit.
Die Straßen sind dunkel, deine Gedanken sind es auch.
Und ich weiß was du gerade fühlst, auch wenn ich dir nicht helfen kann. Ich weiß du schaust in den Spiegel und verachtest dich selbst. Deine Ziele plötzlich so klein, deine Gedanken plötzlich so groß. Und wie du dir wünscht, dass du die Welt für einen Augenblick anhalten könntest. Damit du dich selber endlich wieder findest. In diesem Chaos. In deinem Chaos.
Wenn du Wörter zu dir selber sprichst, findest du dich auf dem Boden wieder. Du bist am Ersticken an deinen eigenen Vorurteilen. An deinen eigenen Erwartungen. Doch wenn du weinst, weinen tausend Engel mit. Und wenn du verstummst wird die Welt ein klein wenig trister. Du fühlst dich alleine, weil du Abends nicht einschlafen kannst. Ich wünschte du würdest deine Hand endlich ausstrecken. Aber du willst nicht zur Last fallen. Nicht auffallen. Deswegen bleibst du auf dem Boden. Du hältst dich fest an alten Erinnerungen anstatt neue zu machen. Der Boden hat dich fest im Griff. Und du ihn. Du hast deine Schönheit noch nie bemerkt.
Vielleicht wirst du nie sehen, was ich in dir sehe.
Ich weiß was du gerade durchlebst. Ich weiß, dass du gerade nur durchhältst. Und manchmal liege ich neben dir, auf einem anderen Boden. Der mich fest im Griff hat. Und ich ihn. Eine bittere Vertrautheit holt mich ein. Vieles von meinem Leben habe ich von diesem Boden aus beobachtet. Und jetzt sehe ich dich. Dort

liegen. Du bist genug. Du krallst dich fest um das letzte Fragment von dir selbst nicht zu verlieren. Deine Hände voller Blut. Und trotzdem bist du dir nicht stark genug. Mit deinen verwundeten Händen legst du anderen einen Verband um. Doch für dich bleibt keiner übrig. Du bist genug. Das warst du schon immer. Ich erkenne mich in dir wieder, doch wenn du weinst, weinen tausend Engel mit.

Und plötzlich war ich jemand anders. Und plötzlich
habe ich mich über jeden Sonnenaufgang gefreut. Und
plötzlich habe ich mich über die singenden Vögel vor
meinem Fenster gefreut.
Und plötzlich habe ich mich für jede Blume am
Straßenrand gefreut.
Und plötzlich war alles anders.
Vielleicht wegen dir. Vielleicht weil du nicht mehr hier
bist.
Vielleicht weil ich nach so vielem immer noch hier bin.

Memoria

Du hast mich mal gefragt, was meine größte Angst ist.

Ich habe gesagt ich habe keine.

Doch wenn ich abends an die Decke starre, holt sie mich ein.

Meine größte Angst.

Die Angst vergessen zu werden.

Wenn ich diese Welt endlich verlasse, wird sich jemand überhaupt an mich erinnern?

Niemand kannte mich wirklich. Warum sollte man auch an mich denken?

Ich habe nichts erreicht. Ich habe die Welt nicht besser gemacht. Ich habe nichts bewegt. Ich konnte nichts erzählen, was in der Erinnerung lebt. Irgendwann werde ich mit anderen Personen vermischt werden.

War das nicht die? Oder die?

Und irgendwann mal werde ich nur noch ein Name auf einem Stein sein.

Wirst du von mir erzählen? Hast du was zu erzählen? Mir ist alles egal.

Ich habe keine Angst. Ich habe Angst.

Wenn ich gehe, erzähle von mir.

Erzähle nicht nur die guten Sachen. Erzähle wer ich wirklich war.

Ich will nicht verändert werden, das habe ich nicht verdient.

Berichte von meinen Fehlern. Von meinen dunklen Seiten.

Von meinen Angewohnheiten die du an mir gehasst hast.

So hast du mehr zu erzählen, kannst dich einige Sekunden länger an mich erinnern und ich gerate für einen Augenblick nicht in Vergessenheit.

And who will you blame when there is no one left but yourself?

Danksagung

Danke, dass du dir die Zeit genommen hast, diese Gedichtsammlung in die Hand zu nehmen und zu lesen. Deine Unterstützung bedeutet mir enorm viel.

Diese Sammlung entstand aus tief empfundenen Erfahrungen und Emotionen, und es ist mir eine Ehre, dass du meine Worte in deine Gedanken und dein Herz aufgenommen hast.

Diese Gedichte sind über mehrere Jahren entstanden, in denen ich versucht habe erwachsen zu werden und mich selber zu verstehen. In meinen Gedichten befasse ich mich mit schweren und oft schmerzhaften Themen. Ich bin mir bewusst, dass einige Inhalte emotional herausfordernd sein können. Es ist mir daher wichtig, darauf hinzuweisen, dass du nicht alleine bist. Wenn du das Bedürfnis hast, mit jemandem über das Gelesene zu sprechen oder Unterstützung benötigst, zögere bitte nicht, Hilfe in Anspruch zu nehmen.

Für sofortige Hilfe in Krisensituationen stehen dir folgendeNotfallnummern zur Verfügung:
- **Telefonseelsorge:** *0800 111 0 111 oder 0800 111 0 222*
- **Nummer gegen Kummer (für Kinder und Jugendliche):** *116 111*
- **Hilfe-Telefon Sexueller Missbrauch:** *0800 22 55 530*

Bitte denke daran, dass es keine Form von Schwäche ist, sich Hilfe zu suchen. Es ist ein Zeichen von Stärke und Mut.
Diese Welt kann oftmals verwirrend und überwältigend sein, und es ist vollkommen berechtigt sich Unterstützung zu holen, für seinen Weg.

Nochmals vielen Dank für deine Zeit und dein Interesse an meinen Gedichten. Vielleicht findest du dich in einigen Gedichten wieder, und ich hoffe, dass du vielleicht Trost und Verständnis in einigen findest.
Und vielleicht können sie auch für dich ein Heimweg sein, so wie sie es für mich waren.

Denk immer dran, wenn du weinst, weinen tausend Engel mit dir.

Außerdem danke ich Alexandra Michurina für das wunderschöne Cover Design, du hast dieses Buch zum Leben erweckt.

Ich danke auch Judith, Berit, Alva und Lilly. Ihr wisst warum.
Euch gehören meine Roten Rosen.

Und zuletzt, danke liebes Schwesterherz. Danke, dass du mich zu der Frau erzogen hast, die ich von Tag zu Tag immer mehr werde.

Passt auf euch auf.

In Liebe,
Melissa